Lena Romanoff

SINGEN WIE DIE STARS

Lena Romanoff

Singen wie die Stars

Gesangsunterricht vom Profi

Bassermann

Der Text dieses Buches entspricht den Regeln der neuen deutschen Rechtschreibung.

ISBN 3-8094-1409-3

Projektkoordination: Stefanie Rödiger
Layout: Ja.Ro.-Music, 65232 Taunustein
Umschlaggestaltung: Soldan Advertising, München
Redaktion: Ja.Ro.-Music, 65232 Taunusstein
Herstellung: Jung Medienpartner, 65527 Niedernhausen
Die Ratschläge in diesem Buch sind vom Herausgeber/Autor sorgfältig erwogen und geprüft, dennoch kann eine Garantie nicht übernommen werden.
Eine Haftung des Herausgebers/Autors bzw. des Verlags und seiner Beauftragten für Personen-, Sach- und Vermögensschäden ist ausgeschlossen.

Satz: Ja.Ro.-Music, 65232 Taunusstein
Druck und Bindung: Anpak Printing Ltd. Hong Kong
Printed in Hong Kong

817 2635 4453 6271

Inhaltsverzeichnis

Lena Romanoff

stammt aus Tschechien und kam 1968 mit ihren Eltern nach Deutschland. Hier studierte sie Gesang und Musikpädagogik. Neben ihrer Konzerttätigkeit arbeitet sie als Autorin und Texterin.

Ein ganz persönliches Vorwort

Spätestens seit der Erfindung des Kehlkopfspiegels durch Manuel Garcia 1855 gibt es zahlreiche Veröffentlichungen, die sich mit Anatomie und Funktion des Stimmapparates befassen. Mit mehr oder weniger anschaulichen Skizzen, vom Ansatzrohr bis zur Schädeldecke, werden die verschiedenen Zusammenhänge aufgezeigt und erklärt. In der Fachwelt hat sich überwiegend die Meinung durchgesetzt, dass nur ein »wissender Sänger« ein guter Sänger sein kann.
Ich glaube es nicht, oder etwas versöhnlicher ausgedrückt: Das Wissen um die anatomischen Zusammenhänge – gerade was z.B. die Atmung angeht – kann nicht schaden, macht aber niemanden zum guten Sänger und schon gar nicht zum Opern- oder Popstar.
Singen lernen hat, ganz vereinfacht ausgedrückt, viel mit Wiederholen zu tun. Doch wie ich in der Praxis schon oft erlebt habe, fehlt es vielen Laien, vor allem wenn sie kein Instrument beherrschen, an Übungsmöglichkeiten, die auch Spaß machen. Genau an diesem Punkt setzt dieser Workshop an. Sie finden auf der beiliegenden CD zwanzig leicht nachvollziehbare Grundübungen, die Ihnen beim regelmäßigen Stimmtraining gute Dienste leisten werden.

Ich wünsche Ihnen dabei viel Freude!

Wie übe ich am sinnvollsten?

· Finden Sie feste Übungszeiten, an denen Sie absolut ungestört sind. Diese Zeit gehört nur Ihnen. Schalten Sie jede Ablenkungsmöglichkeit im Vorfeld aus.

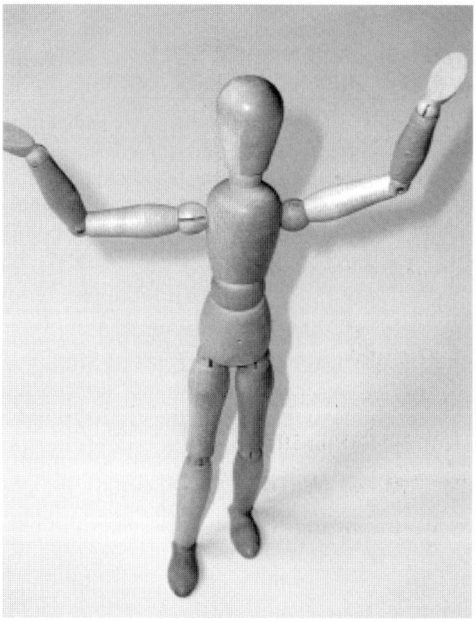

· Nehmen Sie sich zunächst jede Lektion ungefähr eine Woche lang vor, nach Möglichkeit täglich.

· Zwischen den einzelnen Stimmübungen sollten Sie wiederholt im Begleittext lesen. Dabei werden Ihnen neue Details auffallen, die Sie beim ersten Mal übersehen, oder nicht verstanden haben.

· Greifen Sie immer wieder Übungen aus vorangegangenen Lektionen auf. Erst die Wiederholung und Automatisierung der Abläufe bringt Verbesserung!

· Nachdem Sie alle Lektionen durchgearbeitet haben, nutzen Sie die Übungen, um Ihre Stimme zu trainieren und fit zu halten.

· Betrachten Sie dieses Trainingsprogramm als Ergänzung zu Ihren anderen musikalischen Aktivitäten und versuchen Sie, alles Erlernte gleich in der Praxis anzuwenden.

Lektion 1

Atem als Energiequelle

Das Atmen, im Alltag für uns ein eher beiläufiger Vorgang, ist für den Körper eine der wichtigsten Energiequellen. Der Anfang und das Ende jeden Lebens. Ohne Nahrung und Flüssigkeit überlebt der Mensch Tage oder sogar Wochen, ohne Atemluft nur wenige Minuten! Doch der Atem ist mehr als reine Sauerstoffversorgung. In der Atmung spiegelt sich das momentane, wie auch das allgemeine Befinden eines Menschen, Gedanken und Gefühle wider. Auch emotionale Reaktionen wie Angst oder Ärger beeinflussen die Atmung und damit auch die Stimme.

Durch falsche Körperhaltung wie z.B. Bauch einziehen, zu viel Sitzen, Bewegungsmangel oder Stress kommt es oft zu Verspannungen. Die Bauchmuskeln und das Zwerchfell sind nicht genug elastisch und flexibel. Die Lunge hat zu wenig Ausdehnungsmöglichkeit und kann nur einen geringen Teil der eigentlichen Atemkapazität nutzen.

Die meisten Menschen atmen zu kurz aus, was zu Folge hat, dass zu viel verbrauchte Luft in der Lunge verbleibt. Vergleichbar mit einem halbvollen Glas, das man auch nur zur Hälfte mit frischem Inhalt füllen kann. Beim Singen wird die Ausatmungsphase deutlich verlängert. Der Körper kann wieder mehr frischen Atem und damit auch Sauerstoff aufnehmen.

Vielleicht ist das auch der Grund, warum das Singen so eine anregende Wirkung hat!

Am Atemvorgang sind verschiedene Muskeln bzw. Organe beteiligt: Die Luft strömt durch die **Nase** (oder den Mund) ein, passiert den Kehlkopf, die Luftröhre und die Bronchien, bis sie schließlich in die Lunge gelangt.
Die Brusthöhle, die die **Lunge** einschließt, ist am unteren Ende durch das **Zwerchfell** (Zwerch=quer) von der Bauchhöhle getrennt.

Im <u>ausgeatmeten</u> Zustand ist der Zwerchfellmuskel kuppelförmig nach oben gewölbt.

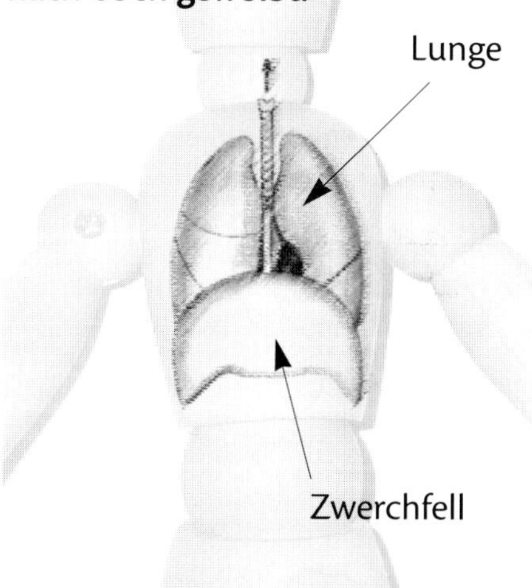

Im <u>eingeatmeten</u> Zustand flacht sich die Kuppel ab.

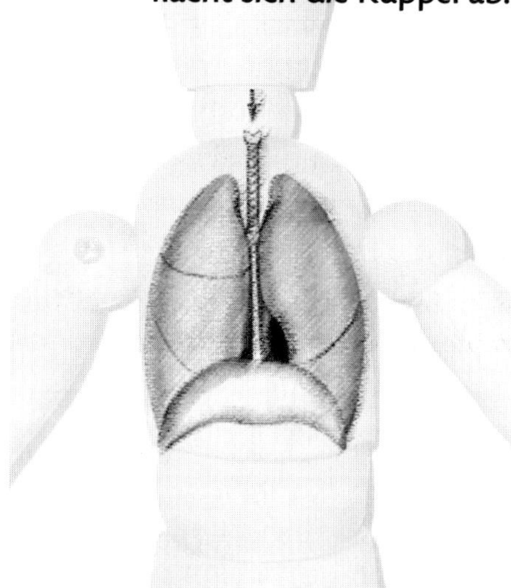

Der Atemvorgang verläuft in zwei aktiven Phasen:

1. Einatmen (Zufuhr von Sauerstoff)
2. Ausatmen (Abgabe von Kohlendioxid).

Die beiden Phasen werden durch eine kurze Ruhepause getrennt, in der der Austausch von Sauerstoff und Kohlendioxid vorgenommen wird. Dieser Mechanismus wird vom Körper durch Atemreflexe gesteuert (z.B. im Schlaf), kann aber auch bewusst verzögert oder beschleunigt werden.

Wie atme ich richtig?

Da sowohl die Lunge, wie auch das Zwerchfell passive Organe sind, kann der Atemvorgang nur durch die Bewegung der **Bauchmuskulatur** bewusst gesteuert werden.

Bei richtiger Einatmung entspannen und weiten sich die Bauchmuskeln. Das Zwerchfell senkt sich nach unten und vergrößert damit den Brustraum. Durch den so entstandenen Abwärtssog kann sich die Lunge ausdehnen und sich wie ein Schwamm mit Luft vollsaugen. Der Körper wird optimal mit Sauerstoff versorgt.

Diesen Steuerungsmechanismus wollen wir uns beim Gesang zunutze machen. Denn nicht nur, dass sich bei der Tiefatmung die Lungenkapazität vergrößert, wir sind nun auch in der Lage, die Menge der abzugebenden Luft mit den Bauchmuskeln zu regulieren.

Doch grau ist jede Theorie ...

Die folgenden Übungen werden Ihnen helfen, die Atemabläufe in Ihrem Körper zu erspüren.

Atemübung

Im Liegen

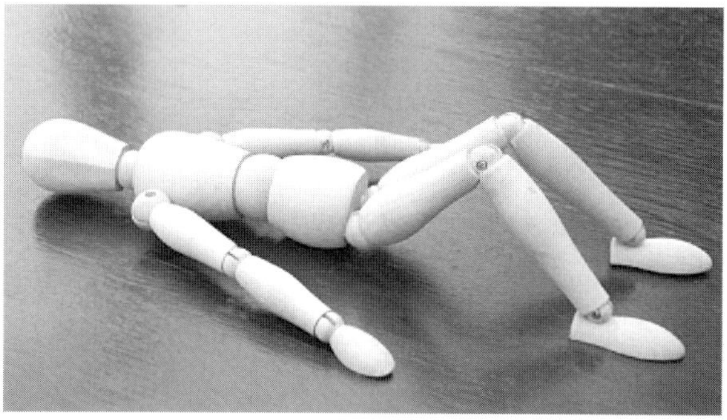

· Sie liegen bequem auf dem Rücken. Die Beine sind angewinkelt.
Versuchen Sie, leicht zu husten. Beobachten Sie dabei ihren Körper und versuchen Sie zu erspüren, von welcher Körperstelle dieser Impuls ausgeht.

Legen Sie die Hände drucklos auf diese »Steuerungszentrale«.
Atmen Sie aus und warten Sie nun, bis Sie das Bedürfnis nach Luftholen verspüren.
Beim Einatmen hebt sich die Bauchdecke.
Atmen Sie durch den Mund wieder aus und wiederholen Sie den Vorgang 4 bis 5-mal.

Atem-/Stimmübung

· Sie liegen auf dem Rücken. Die Beine sind angewinkelt.
Atmen Sie nun in vier kleinen Zügen ein. (Bei jedem Atemzug hebt sich Ihre Bauchdecke ein Stück höher.)
Atmen Sie mit einem langen, ruhigen Summton **»HMMM«** aus. Der Mund ist dabei geschlossen.
Wiederholen Sie diesen Vorgang 3 bis 4-mal.

Im Stehen

· Sie stehen ganz locker, das Gewicht ist auf beide Beine gleichmäßig verteilt.
Atmen Sie zunächst die Restluft aus. Während Sie nun einatmen, heben Sie die Arme hoch, stellen sich auf die Fußspitzen und strecken sich , als ob Sie nach etwas greifen wollten. Halten Sie einen Moment die Spannung und während Sie die Armen fallen lassen, atmen Sie durch den Mund kräftig aus.
Wiederholen Sie die Übung 2 bis 3-mal.

· Mit den Händen umfassen Sie Ihre Taille. Atmen Sie zunächst die ganze Restluft aus. »Schnüffeln« Sie dreimal nach Luft und beobachten Sie dabei die Bewegungen ihrer Bauchmuskulatur. Die Taille weitet sich.
Das Ausatmen geschieht mit drei kräftigen Stößen der Bauchmuskeln. Stellen Sie sich eine Geburtstagstorte mit brennenden Kerzen vor, die Sie auspusten wollen.

Wiederholen Sie diese Übung 3 bis 4-mal.

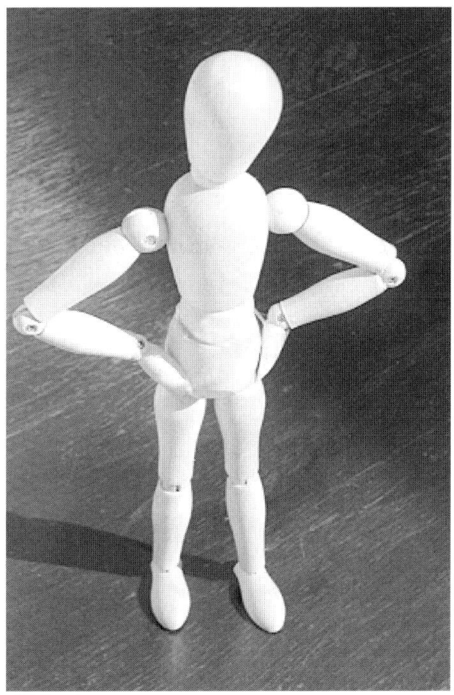

Atem- /Stimmübung

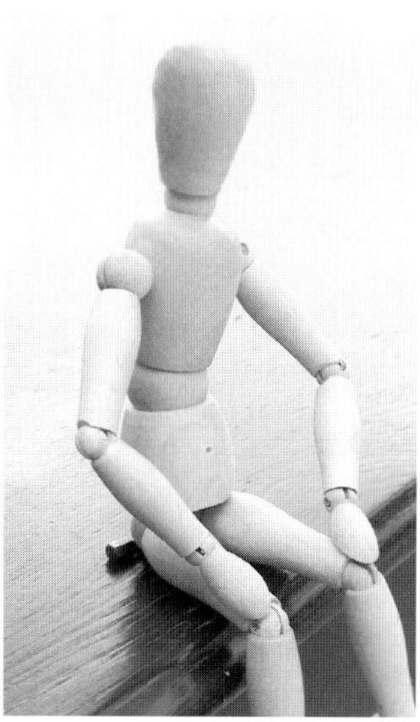

Im Sitzen

Diese Übung wird Ihnen den Einfluss der Tiefatmung auf den Klang der Stimme verdeutlichen.

· Sie sitzen auf einem Stuhl (möglichst ohne Lehne). Die Füße sind in einer leichten Grätschstellung fest auf dem Boden, um guten Halt zu geben.
Legen Sie die Handflächen locker auf die Knie.
Diese Haltung „zwingt" Sie, Ihre Bauch-, Nacken- und Gesichtsmuskeln zu entspannen.
Öffnen Sie leicht den Mund und saugen Sie die Atemluft ein. Sie spüren, wie die Luft bis zur Körpermitte sinkt. Die Bauchmuskeln weiten sich.

Sprechen Sie nun beim Ausatmen erst die kurze Silbe:
»HUH« (Sie spüren einen kurzen Impuls)
und atmen Sie dann die restliche Luft mit einem langgezogenen **»HUUUUUU«** aus.
Die Stimme klingt voll und rund.
Wiederholen Sie diesen Ablauf (Einatmen – HUH – HUUUUUUUU) 2 bis 3-mal.

Verwenden Sie auch die Laute:
»HOH – HOOOOOOO«
»HAH – HAAAAAAAA«

Diese Übung ist recht anstrengend. Sollte Ihnen durch diese (vielleicht) ungewohnte Sauerstoffüberflutung etwas schwindlig werden, machen Sie unbedingt eine Pause!

Jetzt geht's los!

Legen Sie die Übungs-CD ein und hören Sie sich in Ruhe die erste Übung an, um sich mit dem Ablauf der Übungen und der Arbeitsweise vertraut zu machen. Alle Übungen sind nach einem ähnlichen Schema aufgebaut:

Sie hören zunächst ein kurzes Vorspiel, danach wird die Tonfolge vorgesungen. Dann sind Sie dran. Die Übungssequenz wird entweder auf- oder absteigend mehrfach wiederholt.

Alle Übungen bewegen sich in der Mittellage. Zur Orientierung sind die Übungen in Noten dargestellt. Wenn Sie keine Noten beherrschen, ist es aber auch kein Problem.

Hören Sie einfach hin!

Das Zwerchfell

ist zwar unser Hauptatmungsmuskel (vom Atemzentrum gesteuert), doch das Zusammenziehen bzw. Absenken ist für uns nicht unmittelbar zu fühlen. Im Zwerchfell haben wir keine Bewegungsempfindung und kein Muskelgefühl. Aus diesem Grund gibt es, objektiv betrachtet, keine direkten Zwerchfellübungen, sondern nur Übungen zur Entspannung, Aktivierung bzw. Kräftigung der Bauchmuskulatur.

Die Bauchmuskeln übernehmen bei der Tiefatmung die Steuerungsfunktion!

Der Kehlkopf

Legen Sie die Finger auf den Hals und versuchen Sie, die Luftröhre zu ertasten. Ungefähr in der Halsmitte fühlen Sie eine Erhebung. Das ist der Kehlkopf, ein sehr bewegliches Organ. Wenn Sie schlucken steigt er nach oben, beim Gähnen senkt er sich, um dem Körper eine maximale Sauerstoffzufuhr zu ermöglichen. Probieren Sie es aus!
Das Gähnen wirkt sich auf die Hals- und Kehlkopfmuskulatur entspannend aus, eine Art Dehn- und Streckübung. In dieser tiefen Position sind die Stimmbänder locker und entspannt. Zum Singen optimal!

1. Gesangsübung

Mit den Übungen in diesem Kapitel werden Sie sich ein Gefühl für den richtigen Tonsitz erarbeiten und gleichzeitig die Resonanzräume aktivieren.

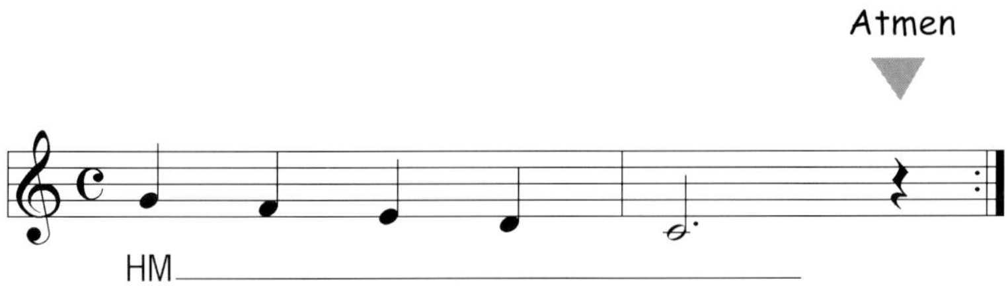

· Hören Sie auf das Beispiel.
· Atmen Sie durch die Nase ein und summen Sie mit geschlossenem Mund die Übung mit:

»HMMM«

Sie spüren, wie der Ton an der Nase und den Vorderzähnen vibriert. Erinnert etwas ans »Kammblasen« ...

Wenn Sie ...

- beim Einatmen nicht die Schultern hochheben
- die Lippen nicht zusammenpressen
- sich auf jeden Ton der Melodie konzentrieren

... können Sie (fast) nichts falsch machen und viel erreichen!

Atemübung

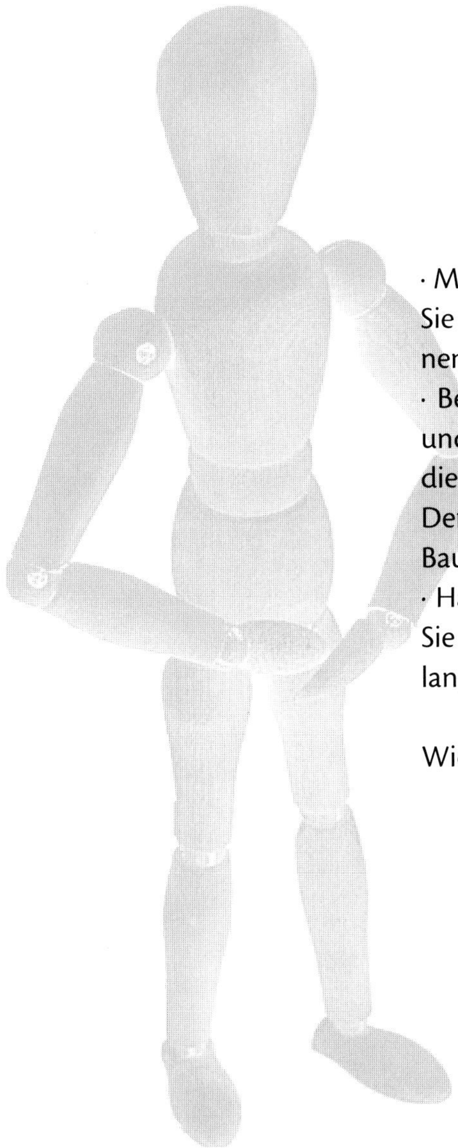

· Machen Sie den Mund weit auf.
Sie spüren, wie sich Ihre Gesichtsmuskeln dehnen und lockern.
· Bewegen Sie die Zunge vor und zurück, auf und ab. Gähnen Sie kräftig und lassen Sie dabei die Atemluft durch den Mund einströmen.
Der Rachenraum füllt sich mit Atemluft, der Bauchraum weitet sich.
· Halten Sie einen Moment inne ... und atmen Sie mit einem langgezogenen **»FFFFFFFFFF«** langsam aus.

Wiederholen Sie die Übung 2 bis 3-mal.

2. Gesangsübung

Diese Gesangsübung ist im Ablauf ähnlich der vorangegangene Atemübung. Diesmal atmen Sie jedoch »singend« aus..

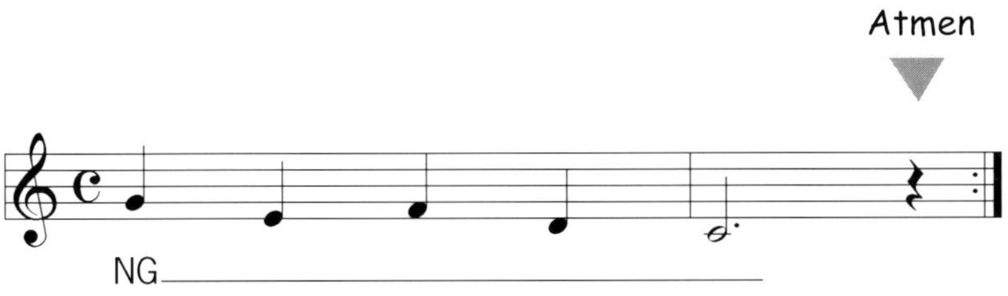

· Öffnen Sie den Mund.
· Atmen Sie durch die Nase ein und summen Sie mit offenem Mund die Übung auf die Silbe:

»NNNG«

Ähnlich wie im Wort »Gong«.
Der Mund bleibt während der ganzen Übung auf! Sie haben das Gefühl, dass der Ton förmlich am Gaumen klebt und Ihr Unterkiefer, wie bei einer Marionette locker baumelt.

Haben Sie auch wirklich ...

... sich ganz aufmerksam beobachtet und sich zugehört ?

... die Erklärungen im Heft sorgfältig gelesen?

... sich überlegt, welche Übungszeiten für Sie am effektivsten sind?

???

Das ist wichtig! Nutzen Sie die Vorteile dieser Übungsmethode. Sie haben Zeit, um alle Übungen in Ruhe und sooft Sie wollen zu wiederholen und die Erklärungen immer wieder nachzulesen.

3. Gesangsübung

Der dunkle Vokal »U« hat eine ähnlich entspannende Wirkung auf die Hals-, Kehlkopf- und Zungenorgane wie das Gähnen.
Beim Singen und auch Sprechen der Silbe »NU« können Sie mit den Fingern fühlen, wie sich der Kehlkopf senkt. Die Atemluft kann ungehindert strömen.

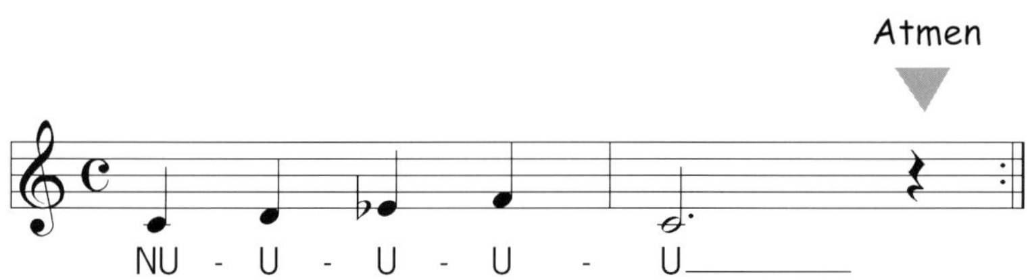

03.

- Hören Sie auf das Beispiel
- Atmen Sie durch die Nase ein und singen Sie die Übung mit der Silbe:

»NU-U-U-U-U «.

Beim Einatmen können Sie spüren, wie der Luftstrom durch die Nase fließt. Versuchen Sie, auch durch die Nase »singend« auszuatmen. Ihre Stimme wird im Laufe der Zeit obertonreicher und erhält dadurch mehr Volumen.

Übrigens ...

Das Summen ist eine äußerst wirksame Stimmübung für Anfänger <u>und</u> Fortgeschrittene.

Beim Gesang gibt es keine »Anfänger-Übungen« im eigentlichen Sinn. Sie können die einfachsten Tonfolgen immer wieder aufgreifen und die Ausführung verbessern. Es ist bekannt, dass sich der große Tenor Beniamino Gigli mit den einfachsten Summ-Übungen auf zwei-drei Tönen eingesungen hat.

Alle drei Übungen in diesem Kapitel eignen sich auch hervorragend zum Einsingen!

Lektion 2

Vokalbildung

Vokale sind beim Gesang die eigentlichen Klangträger. Die Klangunterschiede resultieren aus der jeweiligen Stellung der Lippen, der Zunge und des Kehlkopfes. Je nach Struktur werden sie in drei Kategorien unterteilt:

1. Reine Vokale

U-O-A-E-I

Das »A« ist ein neutraler Vokal, oft auch als Zentrallaut bezeichnet. Durch einfaches Öffnen des Mundes wird er fast ohne aktive Beteiligung der Lippen und der Zunge gebildet.
Vom »A« ausgehend bildet sich die Reihe der dunklen und der hellen Vokale. In der dunklen Vokalreihe werden die Lippen zu einer Rundung geformt. Bei der hellen Reihe sind die Lippen relativ breit und die Zunge wölbt sich leicht nach oben.

2. Mischvokale

Ü - Ö - Ä

In ihrem Ursprung sind die Mischvokale eine Überlagerung eines dunklen Vokals mit einem hellen (U+E | O+E | A+E). Sie verschmelzen zu einer neuen selbständigen Einheit.

3. Doppelvokale

AI(EI)-AU-EU(OI)

Doppelvokale sind eine Zusammenziehung zweier Vokale, wobei der spezifische Klang der jeweils beteiligten Komponenten, wenn auch nur für Bruchteile von Sekunden, erhalten bleibt. Es entsteht also, im Gegensatz zu den Mischvokalen, kein neuer Klang.

In dieser Lektion werden wir uns den dunklen Vokalen widmen. Das »U« haben Sie schon in der ersten Lektion kennen gelernt. Der Kehlkopf ist bei diesem Vokal in der tiefsten Position – beim »I« ist er am höchsten – und die Lippen bilden einen »Kussmund«.

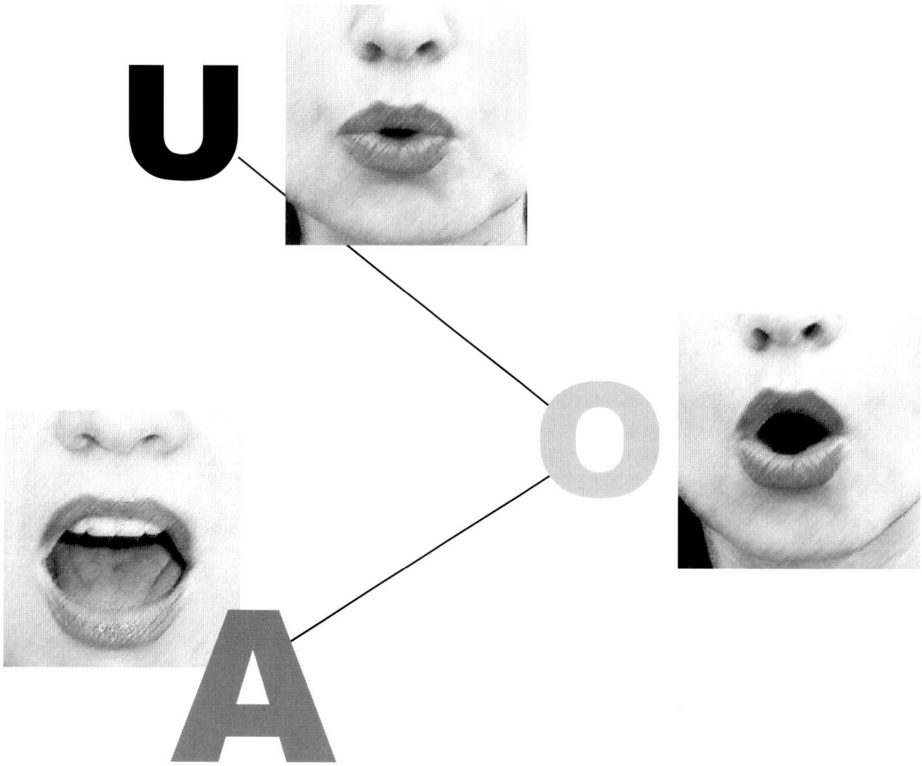

Nehmen Sie einen Spiegel zur Hand und sprechen (flüstern) Sie der Reihe nach diese drei Vokale. Vergleichen Sie jeweils Ihre Lippenform mit der entsprechenden Abbildung.

Vom Sprechen zum Singen.

· Atmen Sie durch die Nase ein.

· Beginnen Sie in einer Ihnen angenehmen Sprechlage die Vokale

»U - O - A - U - O - A « usw.

langsam zu sprechen. Dabei gleiten Sie ganz allmählich zu einem Gesangston. Während der ganzen Übung atmen Sie gleichmäßig aus.

Wiederholen Sie die Übung 3 bis 4-mal.

Sie können auch das Tempo etwas variieren.

4. Gesangsübung

04.

· Hören Sie auf das Beispiel.

· Atmen Sie durch die Nase ein und singen Sie die Übung im Vokalwechsel:

»NU-O-U-O-NU-O-U-O-U«

Sprechen Sie deutlich jedes »U« und jedes »O«.
Atmen Sie beim Singen auch bewusst aus!

Was ist eigentlich ...?

Vokalfarbe

Am Anfang dieser Lektion haben Sie einen Überblick über die grobe Einteilung der Vokale in drei Kategorien erfahren. Darüber hinaus erhält jeder Vokal innerhalb eines Wortes eine eigene Klangnuance. Erst diese Zwischenstufen machen die (Aus-) Sprache lebendig.
Die nachfolgende Tabelle soll Ihnen anhand von Wortbeispielen die Unterschiede in der Aussprache verdeutlichen.

Lesen Sie die Beispiele laut und deutlich! Sie werden überrascht sein, welche Farbigkeit und Klangvielfalt nur durch die Länge der Vokals entsteht.

	offen (kurz)	geschlossen (lang)
A	Abglanz, Acht bald, Wald	Atem, Amen Rad, Name
Ä	Ärger Sänger	ähnlich schräge Säge
E	Ende, eng Schmerz	ewig Meer, dehnen
I	immer, irren wird, mild	ihr Liebe, Knie
O	Ort, offen Wort, Dorf	Ofen, oben Ton, Sohn
Ö	Ökologie Götter	Öl, Öde Möhre
Ü	üppig Gründe	üben, über Wüste, Blüte
U	und, Ungunst Mund	Uhr Blut, akut

5. Gesangsübung

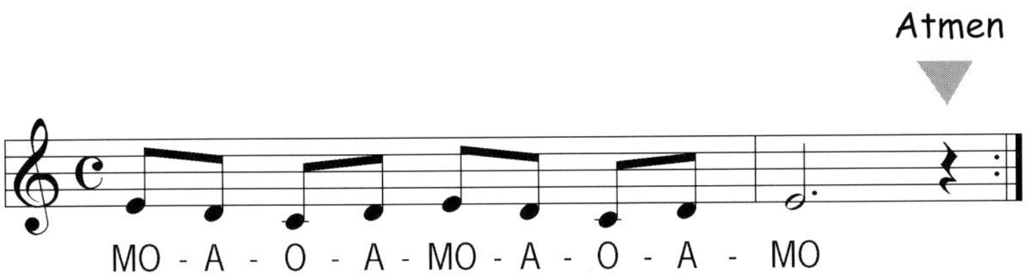

· Atmen Sie durch die Nase ein.
· Singen Sie die Übung im Vokalwechsel:

»MO-A-O-A-MO-A-O-A-MO«

Das »M« bzw. »N« bringt die Stimme automatisch an die »richtige« Stelle.

Überprüfen Sie mit Hilfe eines Spiegels Ihre Lippenform beim:

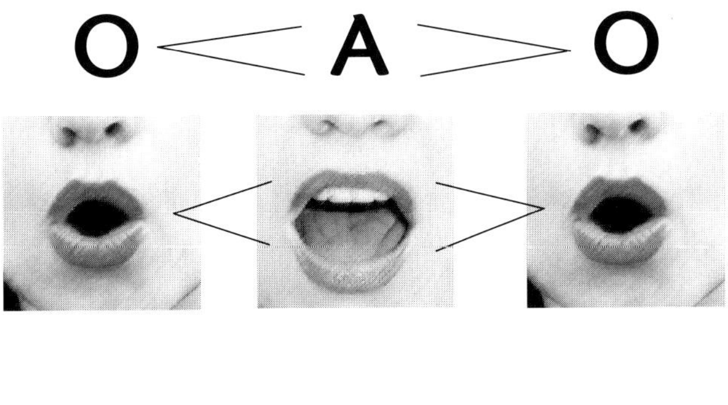

Vergessen Sie nicht ...

••••••➤ **... bei der Ausführung der Gesangsübungen ständig die Atmung zu kontrollieren !!!**

- Atmen Sie während der Übungen nur an den markierten Stellen, um Ihren Körper auf die regelmäßigen Atemabläufe einzustellen.

- Achten Sie darauf, Ihre Bauchmuskeln zu entspannen und elastisch zu lassen!

••••••➤ **... Ihre Lippenform im Spiegel zu kontrollieren.**

- Die subjektive Empfindung kann sehr täuschen. Gerade bei den Vokalen »A« und »O« wird Sie der Blick in einen Spiegel schnell »überzeugen«, dass Ihr Mund noch lange nicht soooo weit offen ist, wie Sie glauben ... Trauen Sie sich!!!

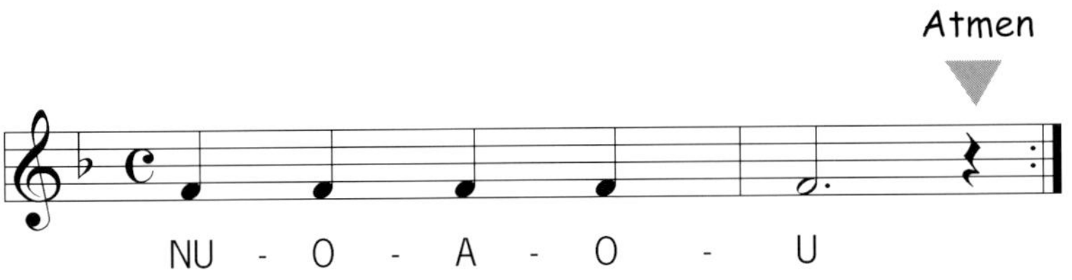

· Atmen Sie durch die Nase ein.
· Singen Sie abwechselnd die Vokalreihe:
»NU-O-A-O-U«

Verbinden Sie alle Vokale fließend miteinander. Achten Sie ganz bewusst auf die deutliche Aussprache.
Jeder Vokal soll klar zu verstehen sein!

Vielleicht hilft Ihnen die Vorstellung einer Kette mit verschieden großen Steinen. Die unterschiedlichen Steine (Vokale) sind mit einer Schnur (Atemstrom) zu einem Ganzen miteinander verbunden. Die »Schnur« soll möglichst nicht abreißen ...

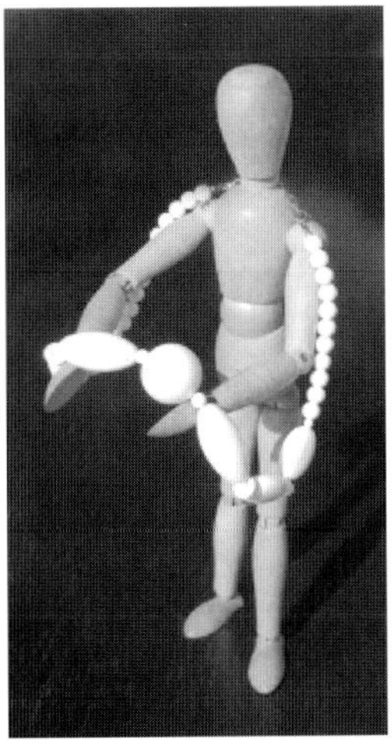

Üben Sie am besten vor einem großen Spiegel!

Lektion 3

Wechsel zwischen dunklen und hellen Vokalen

In dieser Lektion werden wir die Reihe der reinen Vokale durch die beiden hellen Vokale »E« und »I« vervollständigen. Die »natürliche« Mund- und Zungenstellung beim Sprechen dieser Vokale ist für Gesang nicht ideal. Die Zunge und der Kehlkopf stehen zu hoch, die Lippen sind zu breit. Sie kennen den beliebten CHEESE-Ausdruck beim Fotografieren ...
Mit Hilfe der folgenden Übungen sollen diese Unterschiede ausgeglichen werden.

Sprechübung

Nehmen Sie einen Spiegel zur Hand und sprechen Sie mehrmals nacheinander im Wechsel die Vokale

»U-O-A-E-I-O-U usw.«

Sie werden sehr schnell die Unterschiede feststellen.

Sprechen Sie die Folge nochmal und versuchen Sie, beim **»E«** und **»I«** die ungefähre Lippenform vom **»A«** zu halten. Die Zähne sind gut einen Finger weit auseinander.

Sprechübung

Sprechen Sie im Wechsel die Vokale:

»O-E-A-E-O-E-A-E usw.«

und kontrollieren Sie dabei Ihre Lippenform im Spiegel. Vergleichen Sie Ihr »Spiegelbild« mit den nachfolgenden Abbildungen.

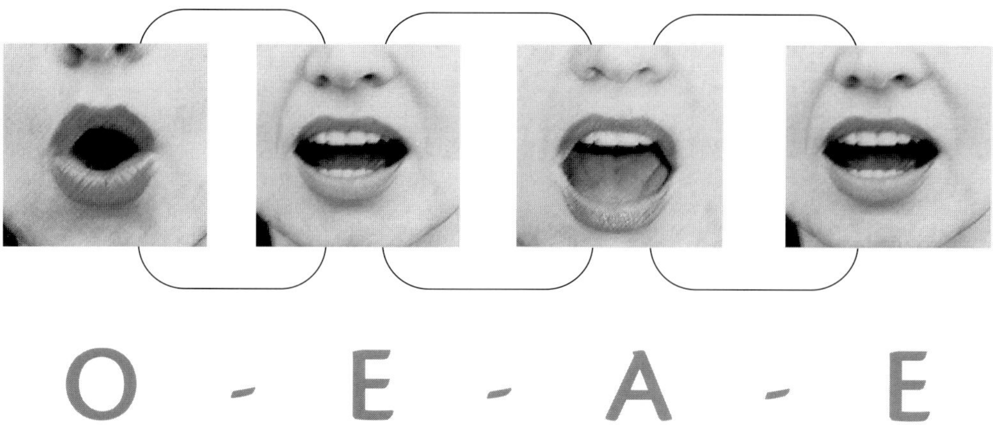

Atemübung

Zeit für eine weitere Atem- bzw. Lockerungsübung.

- Atmen Sie durch die Nase ein, indem Sie zweimal nach Luft »schnuppern«.
- Atmen Sie durch den Mund aus und schnauben Sie dabei wie ein Pferd **»BRRRRRRR«**.
  Das lockert die Lippen und die Gesichtsmuskulatur.
- Wiederholen Sie die Übung 2 bis 3-mal.

7. Gesangsübung

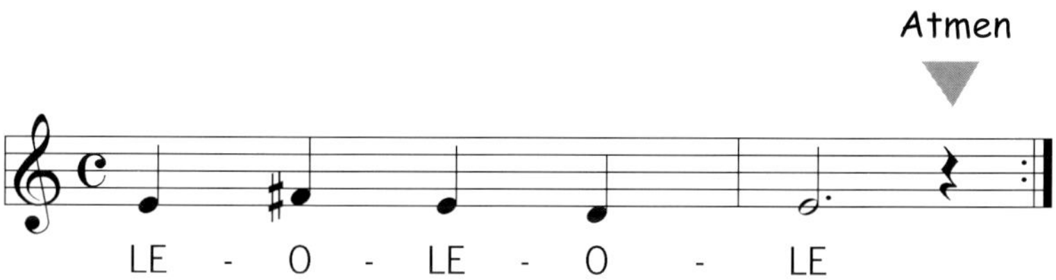

07.

- Atmen Sie durch die Nase ein.
- Singen Sie abwechselnd die Vokalfolge:
  »LE-O-LE-O-LE-O-LE«

Die Vokale fließen ineinander, sind aber trotzdem deutlich zu unterscheiden.
Die Hauptarbeit macht hier die Zunge!

Was ist eigentlich ...?

Resonanz ist das Mitschwingen von Körpern, wenn die Eigenschwingungszahl (Frequenz) der einwirkenden Schwingung gleich ist (Brockhaus). Wie alle anderen akustischen Instrumente (Geige, Klavier, Gitarre u. a.) beginnt die menschliche Stimme erst dann zu klingen, wenn ihr ein Resonanzkörper zur Verfügung steht. Wenn Sie eine Stimmgabel anschlagen, hören Sie den Ton nur, wenn Sie die Gabel dicht ans Ohr halten. Setzt man die Gabel z.B. auf eine Tischplatte, wird der Ton lauter. Das Holz schwingt mit und verstärkt den Ton. Beim Singen bringen die Stimmbänder die Luft zum Schwingen. Die luftgefüllten Nasen- und Rachenräume sind in diesem Fall die primären Resonanzräume. Beim Gesang ohne Mikrofonverstärkung bestimmt die Beschaffenheit des Raumes den endgültigen Stimmklang. Die Resonanzfähigkeit und damit Tragfähigkeit einer Stimme ist beim klassischen Gesangsstil ein wichtiges Qualitätsmerkmal, um sich gegen die Begleitinstrumente zu behaupten.

Timbre ist die individuelle Klangfarbe einer Stimme.

Intonation bedeutet wörtlich übersetzt »anstimmen«. Man versteht darunter das saubere Singen in einer vorgegebenen Tonart.

Beim Gesang kann die Ungenauigkeit beim »Erwischen« der einzelnen Töne unterschiedliche Ursachen haben. Selten liegt es an der »Unmusikalität« des Sängers. Vielmehr spielen hier komplizierte Atemdruckverhältnisse, die Klarheit der Vokale, die Akustik des Raumes und nicht zuletzt Lampenfieber eine große Rolle.

Atemstütze ist ein sehr komplizierter Vorgang der Atemregulierung.

Beim Einatmen entsteht im Körper eine Luftsäule, die eine bestimmte Dichte aufweist. Da beim Singen Luft abgegeben wird, muss der Druck der Luftsäule durch die Bauchmuskeln reguliert (gestützt) werden.

8. Gesangsübung

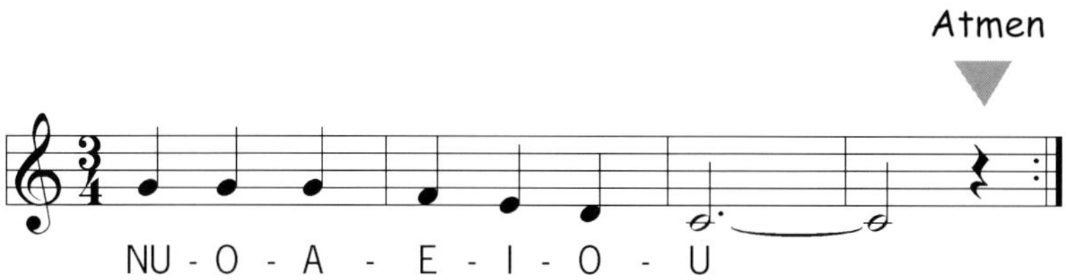

08.

· Atmen Sie durch die Nase ein.
· Singen Sie die komplette Reihe der reinen Vokale:

»NU-O-A-E-I-O-U«

Beachten Sie besonders aufmerksam den Übergang vom »A« zum »E«. Hier darf kein zu großer Klangbruch entstehen.

9. Gesangsübung

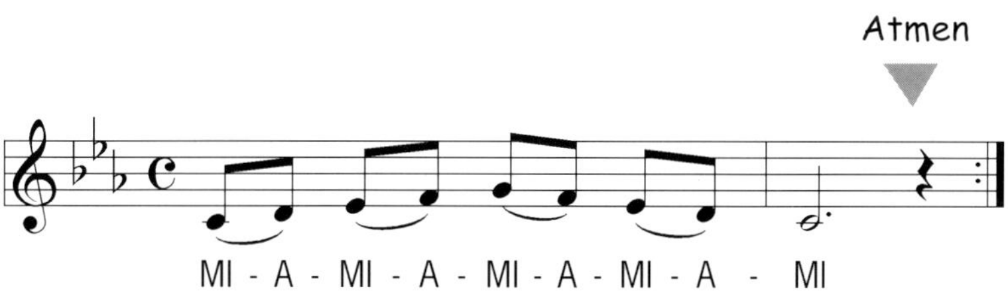

09.

· Atmen Sie durch die Nase ein.
· Singen Sie im Wechsel die Vokale:

»MI-A-MI-A-MI-A-MI«

10. Gesangsübung

10.

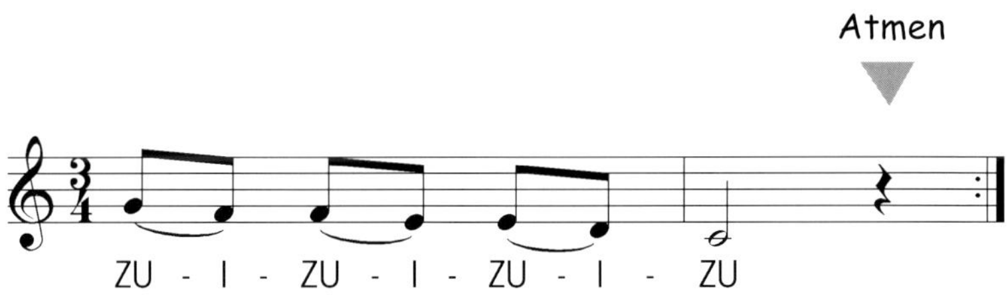

· Hören Sie auf das Beispiel und singen Sie im Wechsel die Vokale:

»ZU-I-ZU-I-ZU-I«

... und zur Abwechlung **»SCHU-BI-DU-BI-DU-BI-DU«** ?

Variationen

Alle Grundübungen bieten viele Variationsmöglichkeiten.

· Starten Sie die 1. Gesangsübung und üben Sie die Tonfolge mit dem Mischvokal **»Ü«**.
Um den ersten Ton besser in den Griff zu bekommen, können Sie sich am Anfang mit der Silbe **»NJÜ-Ü-Ü-Ü-Ü«** behelfen.

01.

02.

· Starten Sie die 2. Gesangsübung und singen Sie die Tonfolge mit den Vokalen: **»LA-LE-LA-LE-LU«**

· Starten Sie die 3. Gesangsübung und üben Sie die Tonfolge mit der Silbe **» NON - NON - NON usw.«**
Wahlweise auch **»MON«.**

03.

· Starten Sie die 10. Gesangsübung und üben Sie die Tonfolge mit der Silbenkombination:
»BLAU - E - BLU - MEN - BLÜ - HEN - SCHÖN«

10.

Erfinden Sie weitere Kombinationen!

Eigene Variationen

Nr.

....

Nr.

....

Nr.

....

Nr.

....

Lektion 4

Konsonanten

Die Konsonanten (con=mit, sonare=klingen) sind, wie der Name schon sagt, Mitlaute. Streng genommen sind sie Geräusche ohne eine bestimmte Tonhöhe. (Versuchen Sie einmal den Konsonanten »T« in verschiedenen Tonhöhen zu singen ...) In Verbindung mit einem Vokal wirken sie formbildend und machen unsere (Aus-) Sprache plastisch und griffig. Je nach Art ihrer Erzeugung (Lippen-, Zungen- und Kehlkopfstellung) werden die Konsonanten in drei Grundkategorien eingeteilt:

1. Die Reibelaute: **S-Z-CH-SCH-F-V-PF**

Bei der Formung der Reibelaute bildet sich zwischen den Lippen bzw. der Zunge und den Zähnen ein Spalt, durch den der Atemstrom geleitet wird. Es entsteht eine Art Rauschen (SCH), Wehen (F) oder Zischen (S).

2. Die Verschlusslaute:	**hart**	**K-G-P**
	weich	**G-D-B**

Sie werden auch Explosivlaute genannt. Beim Ausatmen wird für einen kurzen Moment der Luftstrom unterbrochen. Die gestaute Luft »explodiert« dann mit einem leichten »Knall«, um den durch Zunge, Lippen oder Gaumen entstandenen Widerstand zu überwinden.

3. Die Klinger:	**Vollklinger**	**NG-N-M**
	Halbklinger	**L-R-J-W**

Im Gegensatz zu den vorher beschriebenen Konsonantgruppen ist es möglich, die Klinger in verschiedenen Tonhöhen zu singen.

In den bisherigen Übungen haben Sie bereits verschiedene Klinger verwendet.
Zum Beispiel »N-M-NG-L«.

Wiederholen Sie die Gesangsübungen:

1 (N) - 2 (NG) - 7 (L) - 9 (M)

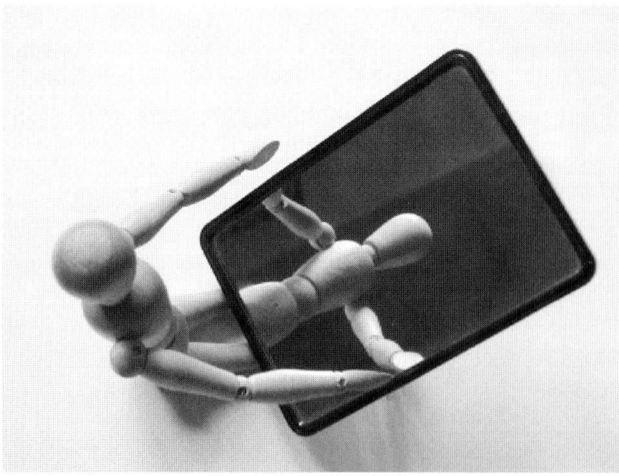

In den folgenden Gesangsübungen werden wir uns mit der Gruppe der **Explosivlaute** befassen.
Bei der Bildung dieser Konsonanten wird der Tonstrom für Bruchteile von Sekunden unterbrochen. Je lockerer und schneller die Bewegungen der Zunge, der Lippen und auch des Unterkiefers ausgeführt werden, um so plastischer und deutlicher wird Ihre Aussprache. Der Gesangston kann ohne »Hindernisse« frei fließen.

Sprechübungen

1

- Schauen Sie in einen Spiegel.
- Machen Sie den Mund weit auf und versuchen Sie mit der Zungenspitze an die obere Zahnreihe zu kommen. Dabei den Mund weiter offen halten!
- Gehen Sie mit der Zunge mehrmals vor und zurück. Das ist auch der Weg, den die Zunge bei der Formung der harten Konsonanten zurücklegt.

2

- Machen Sie den Mund wieder auf.
- Tippen Sie mit der Zungenspitze gegen den harten Gaumen (Knapp oberhalb der Vorderzähne) und sprechen Sie dabei den Konsonanten **»T«**.
  Sie können spüren, wie die Zunge dabei mit Schwung abgefedert wird.

3

- Sprechen Sie mehrmals nacheinander die Konsonanten:

  P - T - K | P - T - K | P - T - K usw.
  B - D - G | B - D - G | B - D - G usw.

  Achten Sie darauf, dass die Zunge eine schnelle Bewegung macht. Jedes **»P«** bzw. **»B«** erhält von den Bauchmuskeln einen kleinen Impuls, der aber unbedingt gleich wieder gelöst wird. (Anspannung - Entspannung)

11. Gesangsübung

Und nun das Ganze gesungen ...
Da man, wie am Anfang der Lektion beschrieben, zum Singen Vokale braucht, kombinieren wir die Explosivlaute **»T«** und **»K«** mit den reinen Vokalen **»I«**, **»O«** und **»A«**.

11.

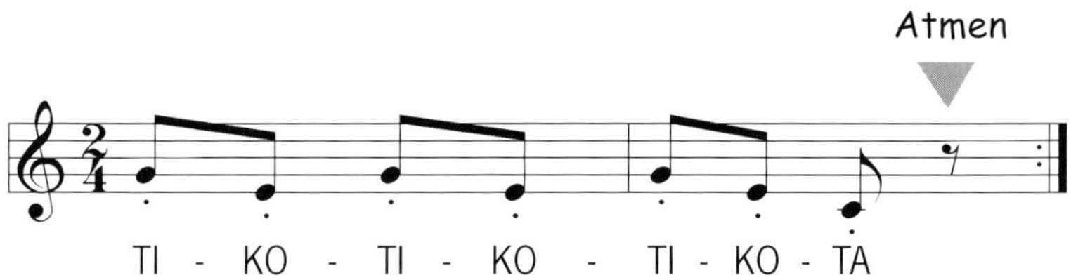

· Hören Sie auf das Beispiel.
· Öffnen Sie den Mund
· Atmen Sie durch den Mund ein und singen Sie abwechselnd die Silben:

»TI-KO-TI-KO-TI-KO-TA«

Jedes **»TI«** erhält von den Bauchmuskeln einen kleinen Impuls. Beim **»KO«** sind die Bauchmuskeln wieder entspannt. Der Unterkiefer erhält bei jeder Silbe eine kleine Lockerungsbewegung.

12. Gesangsübung

Sie hören eine ähnliche Tonfolge wie bei Übung 11, nur etwas länger. Die Töne werden zweimal wiederholt. Es werden harte und weiche Konsonanten gegenübergestellt.

12.

· Hören Sie auf das Beispiel und singen Sie die Kombination:
»PA-TE-PA-TE | BA-DE-BA-DE | PA-TE-BA-DE | DA«

Variationen

Damit die Übung nicht zu eintönig wird, können Sie aus den nachfolgenden Vorschlägen nach Lust und Laune Verbindungen auswählen und natürlich auch eigene Silbenverbindungen erfinden.

GA-BEL - KA-BEL	**TAN - TE - DAN - TE**
BRI - SE - PRI-SE	**KA - TE - GAT - TE**

Die Tiefatmung

ist nicht nur beim Singen wichtig, sondern auch im Alltag. Der Ablauf muss Ihnen im wahrsten Sinne des Wortes in Fleisch und Blut übergehen.

Lesen Sie zu diesem Thema noch einmal die 1. Lektion! Der Ablauf ist auf Seite 11 beschrieben.

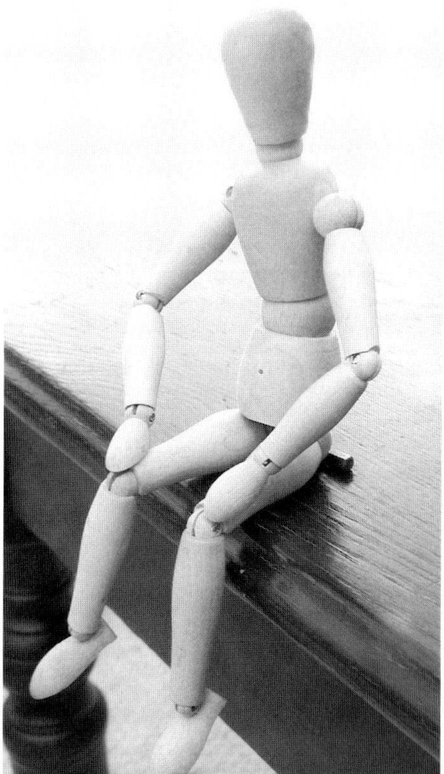

Atem-/Sprechübung

Und jetzt zu den Reibelauten. Folgende stehen Ihnen zur Auswahl: **S - Z - CH - SCH - F - V - PF.**

· Atmen Sie durch die Nase ein.
· Atmen Sie gleichmäßig mit dem Konsonanten **»SCH - SCH - SCH - SCH** usw.« stoßweise aus. Das letzte **»SCH«** können Sie etwas länger ziehen, um auch den letzten Rest der Luft auszuatmen.
· Sie können auch »Lokomotive« spielen und die Fahrt beschleunigen. Beobachten Sie dabei Ihre Bauchmuskeln!

13. Gesangsübung

13.

· Hören Sie auf das Beispiel.
· Atmen Sie durch den Mund ein (vorher aufmachen...) und singen Sie abwechselnd die Silben:

»SO-FA-SO-FA-SO-FA-SO«.

Kosten Sie jeden Konsonaten aus. Der dabei entstandene Luftstom bringt die dunklen Vokale – wie ein Luftkissen – »nach vorne«.
Denken Sie an die Rundung der Lippen beim »O«.

Was ist eigentlich ...?

Legato Beim Legato (legare=verbinden) gehen die Töne fließend ineinander über. Diese »gebundene« Art des Spielens oder Singens wird mehr oder weniger vorausgesetzt, auch wenn die einzelnen Noten keine spezielle Markierung haben. Hält der Komponist es für besonders wichtig, wird es mit einem Bogen markiert.

Staccato Die einzelnen Tönen werden getrennt, was durch einen Punkt über- oder unterhalb der Note markiert wird. (Vergleichen Sie mit Übung 11.)

Vibrato Die beiden Begriffe Vibrato und Tremolo werden im Zusammenhang mit Gesang sehr oft benutzt und noch öfter verwechselt. Rein physikalisch gesehen, handelt es sich um zwei verschiedene Arten der Tonveränderung. Als Vibrato bezeichnet man eine minimale Tonhöhenveränderung (Frequenzmodulation), die beim Gesang durchaus erwünscht ist. Der Ton klingt lebendiger.

Tremolo Beim Tremolo ändert sich während eines gehaltenen Tones die Lautstärke. In Zeitlupe betrachtet, würde man mehr oder weniger starke Aussetzer wahrnehmen.

A cappella bedeutet Gesang ohne Instrumentalbegleitung.

Unisono ist die einstimmige Führung von Gesangs- und/oder Instrumentalstimmen.

Kammerton »A« Nach diesem Ton werden z.B. im Orchester alle Instrumente gestimmt. Es gab immer wieder Bestrebungen, die Tonhöhe verbindlich festzulegen. Im Jahre 1885 einigte man sich bei der Pariser Stimmtonkonferenz auf »A« = 435 Hertz (Schwingungen pro Sekunde). 1939 waren es in London bereits 440Hz. Die Tendenz ist steigend. Viele Orchester spielen bereits mit 444 Hz, was allerdings bedeutet, dass das berüchtigte »hohe C« immer mitsteigt.

(Vergleichen Sie auch Tabelle S. 79)

14. Gesangsübung

Bei dieser Übung ist Ihre Phantasie gefragt. Kombinieren Sie frei aus den unten angegebenen Vorschlägen und erfinden Sie neue Variationen.
Probieren Sie alle Vokale und Konsonanten aus!

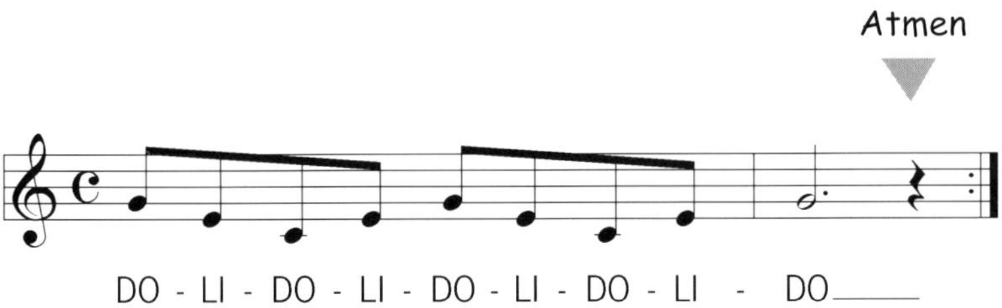

14.

· Hören Sie auf die vorgespielte Melodie.
· Suchen Sie nach Lust und Laune aus:

FE - WO - FE - WO - FE
WI - SO - WI - SO - WI
SO - JA - SO - JA - SO
MIE - TE - MIT - TE - MIE
DA - LI - DA - LI - DA
SCHA - FE - SCHA - FE - SCHA
DUN - JA - DUN - JA - DU

Übrigens ...

Zwischen Sportlern und Sängern gibt es viele Paralellen, denn für beide ist der eigene Körper ihr »Instrument«.
Es gilt als selbstverständlich, dass ein Sportler täglich seine Muskeln, Ausdauer, Kondition, Kraft und Konzentration trainieren muss, um seine Leistungen zu verbessern.
Das Gleiche gilt auch beim Gesang. Auch hier müssen die entsprechenden Muskeln trainiert und beweglich sein.
Das »Verstehen« der Zusammenhänge allein, bringt noch keine Verbesserung!

........➤ **Alle Übungen in dieser Lektion sind Lockerungsübungen, um die Beweglichkeit der Sprechorgane und der Bauchmuskeln zu trainieren.**

... da hilft nur tägliches Üben !!!

Lektion 5

Wortbildung

Worte und Sätze sind eine Kombination aus kurzen, langen, betonten und unbetonten Silben. Sie können gebunden (legato) oder getrennt (staccato) gesprochen bzw. gesungen werden.
Diese Unterschiede sollen in den Übungen dieser Lektion veranschaulicht und umgesetzt werden.

Sprechübung

· Sprechen Sie die Worte ganz gleichmäßig und gebunden. Stellen Sie sich jeden Vokal und jeden Konsonanten bildlich vor. Lassen Sie bei jeder Silbe den Unterkiefer fallen.

DUN - JA - TAN - JA -

GA - BI - PET - RA - KAI

Nachdem Sie den Satz mehrmals gesprochen haben, haben Sie sicher bemerkt, dass die Silben unterschiedlich »schwer« sind: betont - unbetont.

· Sprechen Sie den Satz nochmal und heben Sie nun die zweite Silbe besonders hervor. Klingt gleich ganz anders ...

Erinnern Sie sich noch ...

... an die Einteilung der Vokale ???

Reine Vokale sind: ....

Mischvokale sind: ....

Doppellaute sind: ....

Wie war das mit den Konsonanten ?

Explosivlaute sind: ....

Reibelaute sind: ....

Klinger sind: ....

15. Gesangsübung

Ähnlich wie bei der Sprechübung, singen Sie nun die Namen gleichmäßig gebunden. Sprechen Sie die Anfangskonsonanten bei jedem Namen deutlich aus. Nehmen Sie die zweite Silbe jedes Namens besonders wichtig! So entsteht ein gleichmäßiges Legato!

15.

- Hören Sie auf das Beispiel.
- Atmen Sie durch den Mund ein und singen Sie die Silben:

»DU-NJA-TA-NJA-GA-BI-PE-TRA-KAI«

Jede Silbe schön locker lassen. Diese Kombinationsübungen fördern die Unabhängigkeit von Zunge und Unterkiefer.

Was ist eigentlich ...?

Sprachrhythmus entsteht durch die Kombination von kurzen, langen, betonten und unbetonten Silben. Das folgende Beispiel soll Ihnen den Zusammenhang zwischen Sprachrhythmus und Notenlängen verdeutlichen. Die Länge der Textsilben wurde mit kurzen und langen Strichen dargestellt.

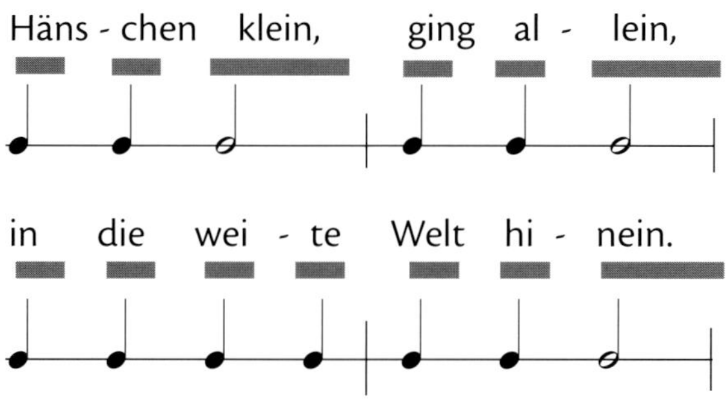

Metrum Wenn Sie diesen Text sehr deutlich sprechen, oder beim Singen auch mitklatschen, stellen Sie fest, dass manche Silben noch zusätzlich betont werden. Markiert man diese Betonungen mit einem Strich, erkennt man eine gleichmäßige Einteilung:

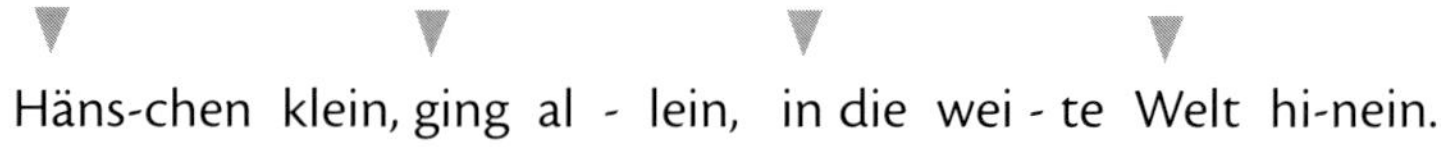

Takt Diese Unterteilung wird in Noten durch Taktstriche markiert. Je nachdem, ob nach einer betonten Note eine oder zwei unbetonte folgen, handelt es sich um einen geraden oder ungeraden Takt.

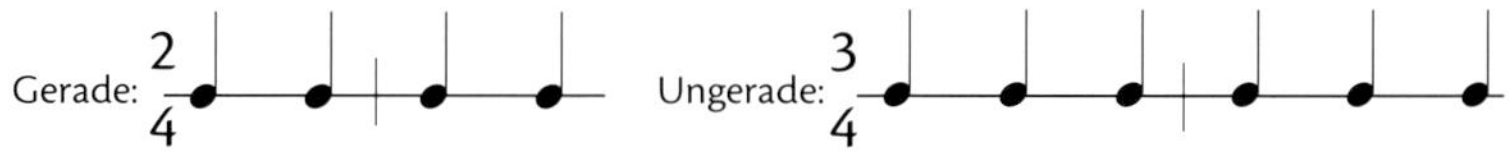

Auftakt Beginn eines Stückes mit einem unvollständigen Takt. Im Liedtext ist es in der Regel eine unbetonte Silbe.

16. Gesangsübung

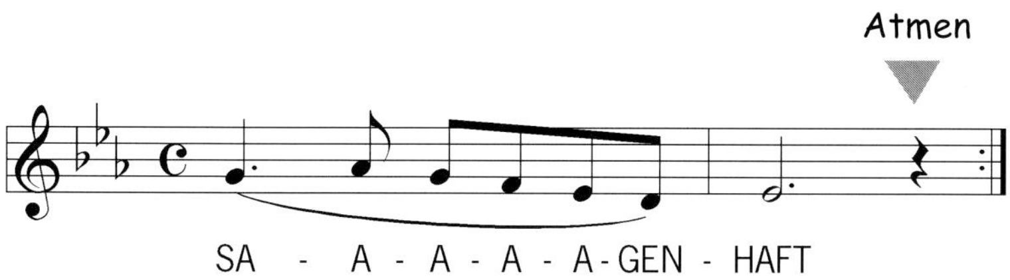

16.

· Atmen Sie durch den Mund ein.
· Singen Sie das Wort:

»SA-GEN-HAFT«

Beachten Sie die Aufteilung der Silben. Die erste Silbe »SAAA« wird über fünf Töne gezogen. Lassen Sie den Mund dabei auf. »Unterschlagen« Sie nicht die mittlere Silbe (GEN) und vergessen Sie nicht die Schlusskonsonanten (FT)!

Verwenden Sie auch andere Worte:

»W**U**N - DER - BA**R**«
»M**O**R - GEN - RO**T**«
»S**EE** - LE - MEI**N**«
»FL**IE** - DER - DU**FT**«
»BL**Ü** - TEN - BAU**M**«
»M**Ö**H - REN - SA**FT**«

U
O
E
I
Ü
Ö

17. Gesangsübung

Bei dieser Übung kommen sehr viele Silben auf Sie zu, die auch noch am Ende mit einem Konsonanten abschließen.

Sprechen Sie zuerst den Satz:
»BLÜ-TEN-STAUB - FÄLLT - AUF - DAS - WEI-ßE - BLATT«

Schenken Sie den unterschrichenen Konsonanten bzw. Silben Ihre äußerste Aufmerksamkeit.

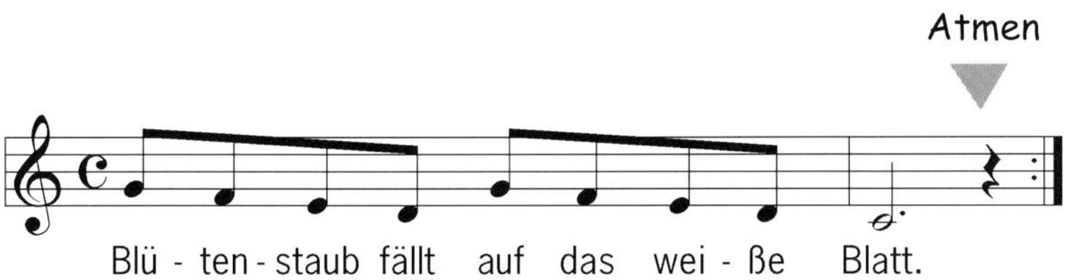

17.

· Hören Sie sich das Beispiel aufmerksam an, um sich die Aufteilung klarzumachen.
· Singen Sie den Satz:

»BLÜ-TEN - STAUB - FÄLLT - AUF - DAS - WEI - ßE - BLATT«

Variationen

»UN - TER - DACH - UND - FACH - MIT - ACH - UND - KRACH«
»NACHT SENKT SICH AUF WIE - SE, FELD UND WALD«

Erfinden Sie weitere Variationen und notieren Sie Ihre Einfälle. ⟶

Eigene Variationen

Beginnen Sie zum Beispiel mit dem Wort

TAT - ORT - ....

MOND - SCHEIN - ....

FLÖ - TEN - TON - ....

....

....

....

....

....

Lektion 6

Intervalle

In dieser Lektion werden wir uns mit dem großen Thema »Intervalle« beschäftigen. Das lateinische Wort »Intervallum« heißt ins Deutsche übersetzt »Zwischenraum«. Im musikalischen Zusammenhang versteht man darunter den relativen Abstand zwischen zwei Tönen.
Ohne darüber nachzudenken, haben Sie in den vorangegangenen Übungen schon eine Menge Intervalle gesungen.
In fast allen bisherigen Übungen lagen die Melodietöne sehr dicht beieinander, wie z.B. im Abstand eines Ganztones (Sekunde) in der ersten Übung.
Die Namen der einzelnen Intervalle sind von den lateinischen Zahlenbezeichnungen abgeleitet:
Prime, Sekunde, Terz, Quarte, Quinte, Sexte, Septime, Oktave.
Durch Versetzungszeichen (♯,♭) können die Intervalle jeweils um einen halben Ton vergrößert oder verkleinert werden. Es entstehen verwandte Intervalle (z.B. kleine Terz).
Werden die Intervalle nacheinander (linear) gesungen oder gespielt, entsteht eine Melodie. Erklingen mehrere Intervalle gleichzeitig, entsteht eine (Dis-) Harmonie.

In der folgenden Gesangsübung werden Sie die Intervalle Sekunde, Terz, Quarte und Quinte trainieren.

Diese relativen Zusammenhänge zu erkennen, kann man durch Gehörbildungsübungen trainieren.
Absolutes Gehör hingegen ist die Fähigkeit, die Höhe eines Tones ohne Hilfsmittel oder andere Anhaltspunkte zu erkennen. Diese Fähigkeit ist ein noch nicht endgültig erforschtes Phänomen. Man geht von Vererbung aus, denn es kommt nicht selten vor, dass in einer Familie mehrere Mitglieder diese Gabe besitzen.

Doch nun wollen wir uns wieder praktischen Dingen zuwenden. **Wie wär's mit einer weiteren Atem-/Lockerungsübung?**

Atem-/Lockerungsübung

- Stehen Sie ganz locker, die Füße schulterbreit auseinander.
- Legen Sie beide Hände auf den Bauch, sodass sich die Fingerspitzen fast berühren.
- Machen Sie den Mund – wie beim Gähnen – weit auf.
- Atmen Sie durch den Mund ein. Der Bauch weitet sich.
- »Singen« Sie mit kurzen Lachstößen **»HA-HA-HAA** usw.« den Anfang der Melodie von »Hänschen klein«.
  Zwischen den einzelnen Impulsen immer wieder entspannen.

18. Gesangsübung

Mit den Übungen in dieser Lektion trainieren Sie, neben der »Treffsicherheit«, auch gleichzeitig den sog. Vokalausgleich (siehe auch 3. Lektion). Das »E« und »I« gewinnt an Raum, während die dunkleren Vokale »U-O-A« griffiger und strahlender werden.

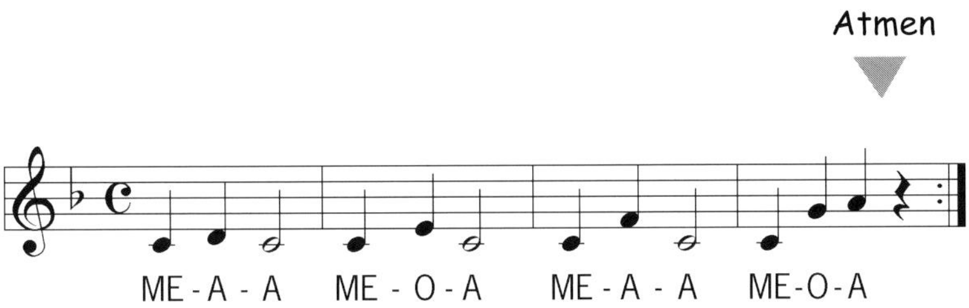

18.

· Nehmen Sie einen Spiegel zur Hand, um die Lippenform zu kontrollieren.
· Hören Sie auf das Beispiel und singen Sie abwechselnd die Silben:

»ME - A - A / ME - O - A / ME- A - A /ME - O - A«

»Sprechen« Sie das »E« deutlich aus. Beim jeweiligen Intervall abwärts lassen Sie den Mund offen.
Die Hauptarbeit macht die Zunge!

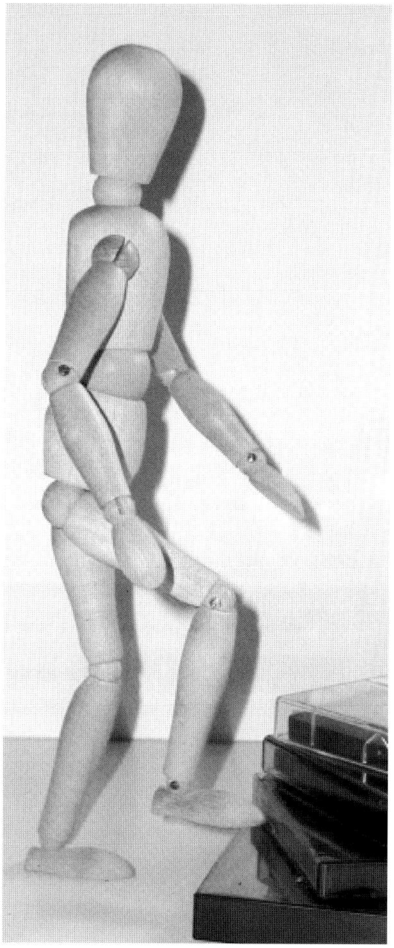

Übrigens ...

Beim Intonieren der Aufwärts-Intervalle besteht immer die Gefahr des »Zutiefsingens«. Versuchen Sie dem vorzubeugen, in dem Sie – auch schon bei den Gesangsübungen – in Gedanken immer etwas weiter nach dem nächsten Ton auszuholen, als geradeso nötig wäre. Ein Vergleich mit dem Treppensteigen liegt da ganz nahe. Will man den Fuß auf eine Treppenstufe setzen, wird man nicht genau die Höhe anpeilen, sondern mit dem Fuß von oben auf die Stufe steigen.
Das ist bei Tonstufen ähnlich.
Wohlgemerkt – in Gedanken ...

19. Gesangsübung

In dieser Übung lernen Sie die gleichen Intervalle aus einer anderern »Perspektive« kennen, nämlich von oben nach unten ...

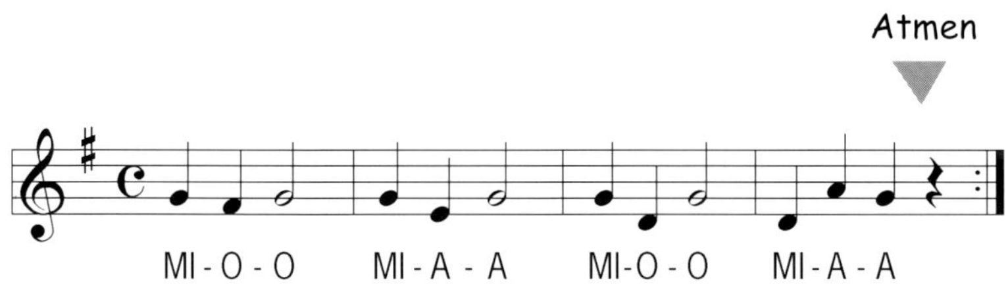

19.

· Hören Sie auf das Beispiel und singen Sie die Silben:

»MI - O - O | MI - A - A | MI - O - O | MI - A - A«

Schenken Sie besondere Aufmerksamkeit jeweils dem <u>zweiten</u> Ton. Es besteht die Gefahr, dass dieser Ton zu hoch gerät. Diese Übung verlangt besonders viel Konzentration.

Was ist eigentlich ...?

Artikulation Sowohl das Sprechen wie auch das Singen bestehen aus einem ständigen Wechselspiel der Vokale und Konsonanten. Je genauer die einzelnen Komponenten geformt werden, um so verständlicher wird die Aussprache.

Phrasierung ist die Einteilung eines Stückes in musikalisch sinnvolle Abschnitte (Phrasen). Verglichen mit der Sprache, wären es einzelne Sätze, die durch Interpunktionszeichen (Komma, Punkt, Ausrufungszeichen usw.) gegliedert sind.

Register Die menschliche Stimme erstreckt sich in der Regel über zwei bis drei Oktaven. Je nach Bereich können die Töne sehr unterschiedlich klingen. Die Klangerzeugung ist ein diffiziles Zusammenspiel mehrerer Komponenten: Stimmlippenspannung, Schwingung der Stimmränder, die Stellung des Kehlkopfes und nicht zuletzt die Stärke des Luftstroms. Ein wichtiges Ziel der klassischen Gesangsausbildung ist es, diese Klangbrüche auszugleichen. In der Pop-Musik gibt es diese strengen Regeln nicht. Oft werden diese Klangunterschiede innerhalb einer Stimme sogar als Stilmittel bewusst eingesetzt.

Stimmlagen Die Stimme wird in vier Grundkategorien unterteilt:

Sopran hohe weibliche Stimme — Mezzosopran
Alt tiefe weibliche Stimme
Tenor hohe männliche Stimme — Bariton
Bass tiefe männliche Stimme

Innerhalb dieser Grundkategorien, die durch den Stimmumfang bestimmt sind, gibt es verschiedene Untergruppen, die durch Klangfarbe, Stärke und Beweglichkeit (lyrisch, dramatisch, heldenhaft u.a.) einer Stimme bedingt und vor allem bei der Einordnung in Opernfächer relevant sind.
Eine Stimmumfang-Tabelle finden Sie auf Seite 79.

20. Gesangsübung

In dieser Übung sind die weiten Intervalle – Sexte, Septime und Oktave – dran. Versuchen Sie auch hier, die Töne fließend miteinander zu verbinden.

20.

· Hören Sie sich das Beispiel aufmerksam an.
· Atmen Sie durch den Mund ein und kombinieren Sie frei die Silben:

»DU - A | DU - O | DU - A usw.«

Die ganze Übung ist kaum auf einen Atemzug zu schaffen. Das ist auch nicht nötig. Atmen Sie ganz bewusst an den markierten Stellen ein.

Führen Sie sich das Bild eines Stabhochspringers vor Augen, der in einem weiten Bogen die geforderte (Ton-) Höhe überqueren muss.

Übrigens...

... die Intervall-Übungen verbessern nicht nur Ihre Stimme, sondern fördern auch Ihre Musikalität, z.B. musikalische Vorstellungskraft und Treffsicherheit.

Intonation (Stimmung) ist für jeden Sänger ein ganz wichtiges Thema. Die musikalische »Treffsicherheit« ist keine Naturbegabung sondern vor allem viel Training!

Lektion 7

Wie übe ich ein neues Lied ein?

Nehmen wir an, Sie haben im Radio ein Lied schon oft gehört, es gefällt Ihnen und Sie sind der Meinung: »Das wäre auch etwas für mich«. Sie beschließen, es zu lernen. Es gibt da einen etwas altmodischen, aber doch sehr treffenden Ausdruck: »Sich etwas zu Eigen machen«. Sie wollen sich dieses Lied aneignen.

Der erste Schritt wird sein, sich den Text, die Noten oder eventuell ein Halbplayback zu besorgen. Das ist manchmal nicht so ganz einfach, gehört aber eigentlich schon zur Beschäftigung mit diesem Lied. Denn um fündig zu werden, müssen Sie wissen, wer das Lied komponiert oder zumindest gesungen hat, eventuell auch wann es entstanden ist, um in einem Geschäft oder in der Bibliothek danach zu fragen. Auch das Internet ist da eine wahre Fundgrube. Nachdem diese Hürde genommen ist, kann die eigentliche Arbeit beginnen.

Obwohl Sie das Lied schon kennen, lesen Sie sich als Erstes den Text des Liedes aufmerksam durch. Sie werden feststellen, dass Sie beim Hören nur ganz grob den Inhalt des Liedes erfasst haben. Denken Sie über die Aussagen und Formulierungen nach und versuchen Sie, zu der beschriebenen Situation, Handlung oder Stimmung eigene »Bilder« im Kopf entstehen zu lassen, den Text zu visualisieren. Diese Bilder werden Ihnen später beim Vortrag helfen, schneller die entsprechende Grundstimmung zu finden und zu vermitteln.

Ein Lied setzt sich aus zwei Komponenten zusammen: Text und Musik. Nachdem Sie sich einen ersten Überblick verschafft haben, nehmen Sie sich die beiden Teile separat vor.

Fangen wir mit der Erarbeitung des Textes an:
1. Gewöhnen Sie sich unbedingt an, den Text des Liedes zuerst mehrmals langsam zu lesen und laut zu sprechen.
Welche Worte sind wichtig? Wo liegen die Betonungen?
2. Lesen und sprechen Sie den Text mit dem Augenmerk auf eine präzise Aussprache der Vokale. Nehmen Sie sich dabei jede Silbe einzeln vor. Es ist eine Betrachtung in Zeitlupe. Danach kommen die Konsonanten dran. Welcher Anfangskonsonant? Beachten Sie die Endkonsonanten »T, D, K« usw.

Sprechübung

DER MOND IST AUF-GE-GAN-GEN,
DIE GOLD-NEN STERN-LEIN PRAN-GEN
AM HIM-MEL HELL UND KLAR.
DER WALD STEHT SCHWARZ UND SCHWEI-GET
UND AUS DEN WIE-SEN STEI-GET,
DER WEI-ßE NE-BEL WUN-DER-BAR.

- Sprechen Sie den Text und achten Sie auf alle dunklen Vokale (A-O-U)
- Beachten Sie alle Klinger (M-N-J-W)
- Beachten Sie die Verschlusslaute (T-D-K-G-P-B)
  am Wortanfang
  am Wortende

-Sprechen Sie den ganzen Text in mittlerer Lautstärke und gehen Sie langsam in eine Art Sprechgesang über. Man muss Ihnen förmlich den Text von den Lippen ablesen können.

... und nun zur Musik

Nehmen Sie das Notenblatt zur Hand und hören Sie sich die Musik auf der CD an. Gehen Sie »im Geiste« entlang der Notenlinie mit und markieren Sie sich – am besten mit Rotstift – die Stellen, an denen Sie in Zukunf einatmen werden. Unser Beispiel ist ein Strophenlied, jede Strophe besteht aus zwei, bis auf den Schluss, identischen Teilen.

21.

· Atmen Sie durch die Nase ein und summen Sie das Lied mit geschlossenem Mund.

· Singen Sie die Melodie des Liedes auf die Silbe:
»NU-U-U«

· Verwenden Sie bei weiteren Durchgängen auch andere Vokale z.B.: **»O-A-Ü-Ö«**

Atmen Sie unbedingt an den markierten Stellen!
Wenn die Luft knapp wird, haben Sie beim Einatmen die Bauchmuskeln nicht locker gelassen.

Was ist eigentlich ...?

A-B-A-Form ist die einfachste Liedform. Zwei gleiche musikalische Abschnitte umrahmen einen Mittelteil. Die meisten Volkslieder sind nach diesem Prinzip aufgebaut.

A — B — A

Rondo-Form ist eine Erweiterung der einfachen Liedform. Die A-Teile kehren mehrmals wieder und umrahmen unterschiedliche Mittelteile.

A — B — A — B — A

Strophenlied Alle Strophen eines Liedes werden auf die gleiche Melodie gesungen. Sofern keine Handlung erzählt wird, sind die Strophen beliebig austauschbar.

A — A — A → usw.

Strophisch-variiertes Lied

Jede Strophe wird der textlichen Aussage des Liedes entsprechend musikalisch unterstrichen. Dies kann durch rhythmische oder harmonische Veränderungen geschehen.

A^1 — A^2 — A^3 → usw.

Durchkomponiertes Lied

Diese Form findet man, bis auf wenige Ausnahmen, im Kunstlied der Spätromantik. Um die textliche Aussage hervorzuheben, hat jede Strophe eine andere Melodie und Begleitung. Meist wird im Lied eine Geschichte erzählt.

A — B — C → usw.

Refrain-Lieder Die meisten Lieder im Bereich der Volks- und Unterhaltungsmusik bestehen aus textlich unterschiedlichen Strophen und einem gleichbleibenden, möglichst einprägsamen, Refrain.

A — Ref — B — Ref → usw.

· Starten Sie das Playback.
· Sprechen Sie den Text der 1. Strophe zu der Musikbegleitung in einer Ihnen bequemen Sprechlage.

21.

Der Mond ist aufgegangen,
die goldnen Sternlein prangen
am Himmel hell und klar.
Der Wald steht schwarz und schweiget
und aus den Wiesen steiget
der weiße Nebel wunderbar.

· Starten Sie das Playback.
· Singen Sie die 1. Strophe zu der Musikbegleitung.

Atmen Sie unbedingt an den markierten Stellen und denken Sie dabei an die Tiefatmung!

· Starten Sie das Playback.
· Fangen Sie im sprechenden Modus an und gehen Sie immer mehr zum Singen über. Den Text aller drei Strophen finden Sie auf der nächsten Seite.

21. 

Der Mond ist aufgegangen

Text: Mathias Claudius · Musik: J.A.Schulz

2.

Wie ist die Welt so stille,
und in der Dämmrung Hülle
so traulich und so hold!
Gleich einer stillen Kammer,
wo ihr des Tages Jammer
verschlafen und vergessen sollt.

3.

Seht ihr den Mond dort stehen?
Er ist nur halb zu sehen
und ist doch rund und schön!
So sind wohl manche Sachen,
die wir getrost belachen,
weil unsre Augen sie nicht sehn.

Tipps zur Ausarbeitung

1. Nehmen Sie sich jede Strophe einzeln vor. Wiederholen Sie beim Singen auch einzelne kürzere Abschnitte.

2. Singen Sie alle Strophen nacheinander und überlegen Sie, wie Sie das Lied in Bezug auf Lautstärke, Dynamik und Stimmklang gestalten wollen. Markieren Sie laute und leise Stellen in den Noten (Vergleichen Sie dazu die Vortragsbezeichnungen auf der nächsten Seite).

3. Erinnern Sie sich an die Stimmungsbilder, die Sie gleich zu Anfang gefunden haben? Konkretisieren Sie sie, in dem Sie bereits erlebte Situationen aus Ihrem Gedächtnis abrufen. Bei dem Landschaftsbild, das in der ersten Strophe dargestellt ist, wird es Ihnen sicher nicht schwer fallen. Bei der dritten Strophe wird es vielleicht schwieriger.

4. Lernen Sie den Text unbedingt auswendig. Das macht Ihren Vortrag viel freier. Im Englischen heißt »auswendig« sehr treffend »learning by heart«, mit dem Herzen lernen.

5. Singen Sie das Lied vor einem möglichst großen Spiegel und kontrollieren Sie dabei Ihre Mimik und Gestik.

6. Nehmen Sie Ihren Gesang auf und hören sie sich kritisch zu.

7. Tragen Sie das Lied im kleinen Kreis von Zuhörern vor. Fragen Sie nach Meinungen. Sie sollten allerdings nicht nur Lobhudelei erwarten, sondern auch Kritik ertragen können. Das ist beim Gesang nicht immer leicht und kann auch ganz persönlich treffen. Falls Kritikpunkte geäußert werden, haken Sie nach, um möglichst konkrete Anhaltspunkte zu erhalten. Denken Sie über die Äußerungen nach, manchmal versteckt sich hinter einer »laienhaften« Bemerkung ein brauchbarer Hinweis.

Was ist eigentlich ...?

Vortragsbezeichnungen	
	geben Zusatzinformationen über die Vortragsweise und Gestaltung eines Stückes z.B. Lautstärke (Dynamik), Tempo und Ausdruck. Die Anweisungen sind überwiegend in italienischer Sprache.
Dynamik	Unter Dynamik versteht man im weitesten Sinne Lautstärkenverhältnisse. Die Angaben geben jedoch keine festen Werte an, sondern sind immer relativ. Sie wissen vielleicht aus Erfahrung mit Nachbarn, dass Lautstärke immer sehr subjektiv empfunden wird ... pp (pianissimo) = sehr leise p (piano) = leise mf (mezzoforte) = halblaut f (forte) = laut ff (fortissimo) = sehr laut **Lautstärkenwechsel:** cres. (crescendo) = allmählich lauter werden decres. (decrescendo) = allmählich leiser werden dim. (diminuendo) = allmählich leiser und langsamer werden
Tempo	Die gebräuchlichsten Tempoangaben sind: Langsame Tempi: Largo=breit; Adagio= ruhig; Grave = ernst, schwer Mittlere Tempi: Andante = gehend; Moderato = mäßig schnell; Allegretto = beschwingt Schnelle Tempi: Allegro = freudig, schnell; Presto = sehr schnell **Angaben für Tempowechsel:** rit. (ritardando) = langsamer werden accell. (accellerando) = schneller werden

Übrigens...

Die Stimme übermittelt nicht nur einen Inhalt, sondern auch eine Stimmung. Leider hören wir uns selbst immer etwas anders als die »Außenwelt« uns wahrnimmt und sind am Anfang ganz überrascht, wenn wir eine Aufnahme der eigenen Stimme hören.
Haben Sie schon einmal darüber nachgedacht, wie ihre Stimme auf die Zuhörer wirkt? Angenehm, weich, monoton, scharf, herrisch, hart, ängstlich, nervös, schrill, erotisch, hysterisch ?

Machen Sie unbedingt Aufnahmen von Ihrer Sprech- und Gesangsstimme. Es muss ja nicht gleich in einem profesionellen Tonstudio sein.
Heute gibt es schon für wenig Geld sehr gute Kassetten-Recorder, die gleichzeitig abspielen und aufnehmen können.

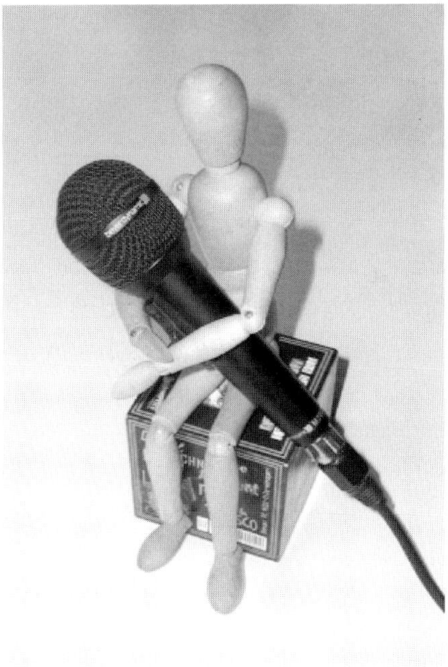

... eigene Aufnahmen zu beurteilen, schult ungemein ...

Ein guter Sänger ...

braucht nicht nur eine gute Stimme, sondern auch

...ein abwechslungsreiches Repertoire.

Alle Atem- und Gesangsübungen in diesem Workshop sind Grundübungen und unabhängig von einer bestimmten Musikrichtung. In den einzelnen Übungen haben Sie sich die Tiefatmung angeeignet, die richtige Form der Vokale und Konsonanten gelernt und Beweglichkeit trainiert.
Alle diese Einzelaspekte kommen bei dem Lied »Der Mond ist aufgegangen« in »geballter« Form zum Einsatz.
Betrachten Sie dieses Lied als Übungsbeispiel (Muster) unabhängig davon, welche Musikrichtung Sie ganz persönlich einschlagen wollen. Übungsweise und Lernziele werden ähnlich sein.

Finden Sie heraus, welche Lieder Ihnen liegen.
Hier drei Fragen, die Sie sich beantworten sollten:

1. Welche Musikrichtung(en) höre ich gerne ?
(Pop, Rock, Jazz, Klassik, alles querbeet ...)

....

2. Aus welcher(n) dieser Richtungen will ich mein Repertoire zusammenstellen?

....

3. Welche Art von Liedern passt zu mir und zu meiner Stimme? Liegen mir eher ruhige Balladen oder fetzige Songs?

....

Wie finde ich mein Repertoire?

1. Welche Lieder, die Sie gerne singen würden, fallen Ihnen spontan ein? Schreiben Sie zehn Titel auf.

2. Überprüfen Sie, ob Ihnen diese Titel wirklich liegen. Fünf Lieder, die diese Prüfung überstehen, kommen in die engere Wahl. Machen Sie sich eine Liste.

3. Suchen Sie aus dieser Liste Ihren ersten Favoriten aus, mit dem Sie beginnen wollen.

4. Besorgen Sie sich die entsprechenden Übungsunterlagen: Text, Noten und/oder Halbplayback. Evetuell auch die Originalaufnahme (falls Sie sie nicht schon längst besitzen), um sich nun das Lied ganz bewusst anzuhören.

5. Erarbeiten Sie »ihr« Lied nach dem Beispiel in dieser Lektion (Text+Musik). Bleiben Sie an einem Titel solange dran, bis Sie wirklich das Gefühl haben, es zu jeder Tages- und Nachtzeit abrufbar zu haben. Unbedingt auswendig lernen!

6. Nehmen Sie sich den nächsten »Kandidaten« auf Ihrer Liste vor. Vielleicht ist Ihnen ein weiterer passender Titel eingefallen? Vielleicht haben Sie im Radio etwas Neues gehört? Ergänzen und aktualisieren Sie Ihre Repertoireliste.

7. Wiederholen Sie die bereits erlernten Lieder und feilen Sie dabei an Details. Auch große Stars müssen den Text können ...

8. Suchen Sie sich eine Gelegenheit, um ein bis zwei Lieder einem kleinen Publikum vorzutragen. Wenn das gut klappt, dann haben Sie schon eine Menge gelernt. Weiter so!!!

Erinnern Sie sich noch ...?

1. Wie nennt man eine tiefe weibliche Stimme?

....

2. Welche Stimmlage liegt zwischen Tenor und Bass?

....

3. Was versteht man in der Musik unter dem Begriff Resonanz?

....

4. Welches Organ kann bei der Tiefatmung bewusst gesteuert

werden? ....

5. Welche Organe werden gesteuert?

....

6. Welche reinen Vokale kennen Sie?

....

7. Wie heißt die Gruppe der Vokale, bei der durch Verschmelzung von zwei Vokalen eine selbständige Einheit entsteht?

....

8. In welche Grundkategorien werden die Konsonanten unterteilt?
a).....................................b).....................................c)...............................

9. Mit welcher Konsonantengruppe ist es möglich, verschiedene Tonhöhen zu singen?

....

10. Welchen Ton gibt eine Stimmgabel an und wieviel Hertz hat er?

....

11. Was versteht man unter legato?

....

12. Was versteht man unter einem Intervall?

....

13. Wie müssen Intervalle angeordnet sein, damit eine Melodie entsteht?

....

14. Wie singen Sie ein Lied, wenn Sie die Anweisung »p« lesen?

....

15. Die Musik soll allmählich langsamer werden. Wie heißt das in der Fachsprache?..

16. Welche Form hat das Lied »Der Mond ist aufgegangen«?

....

17. Bei welcher Liedform wird der Text am stärksten durch die Musik ausgedeutet?

....

18. Wie nennt man den Abschnitt eines Liedes, der nach jeder Strophe wiederholt wird?

....

19. Welche zwei Arten der Tonveränderung können auftreten?

....

20. Allegro ist eine ....-Bezeichnung.

Die Lösungen finden Sie auf der folgenden Seite. ....➤

Lösungen

1. Alt
2. Bariton
3. Mitschwingen von Körpern
4. Bauchmuskeln
5. Zwerchfell, Lunge
6. A-E-I-O-U
7. Umlaute
8. Verschlusslaute, Klinger, Reibelaute
9. Klinger
10. A' – 440 Hertz
11. Die Tonfolge wird gebunden
12. Relative Abstand zwischen zwei Tönen
13. linear
14. leise
15. ritardando
16. Strophenform
17. Beim durchkomponierten Lied
18. Refrain
19. Vibrato, Tremolo
20. Tempo-Bezeichnung

Stimmumfang

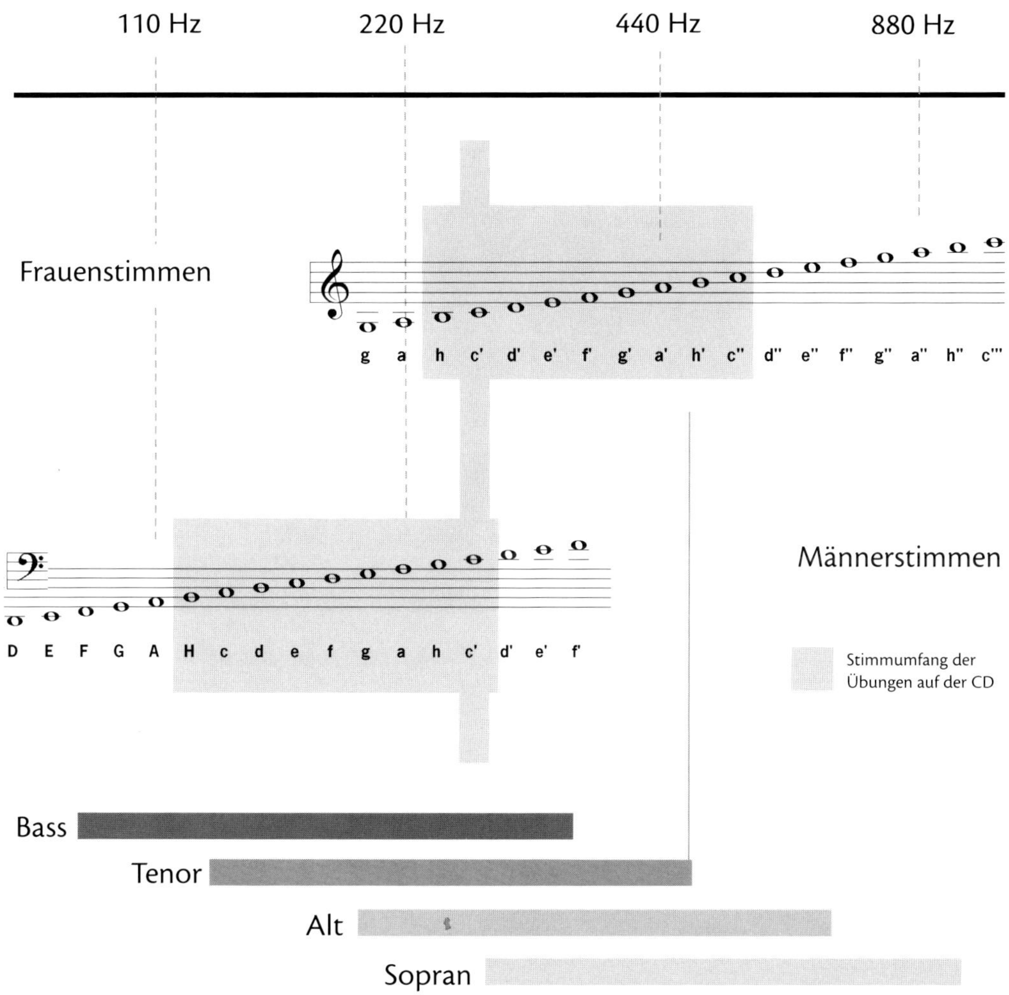

Bei den hier markierten Stimmlagen handelt es sich um den Normalumfang. In speziellen Opernfächern werden die Grenzlagen um mehrere Töne über- bzw. unterschritten.

Und wie geht's weiter?

Sie haben sich nun mehrere Wochen intensiv mit den Grundlagen der Gesangstechnik beschäftigt und dabei unterschiedliche Erfahrungen gemacht. Manche Übungen haben Ihnen besser als andere gefallen, vielleicht kamen Sie mit verschiedenen Anweisungen überhaupt nicht klar.

Das ist ganz normal. Legen Sie das Buch für einige Zeit zur Seite und versuchen Sie neue Eindrücke zu sammeln. Gehen Sie in Konzerte, hören Sie sich CDs an, lernen Sie neue Lieder. Auch die Teilnahme an einem Workshop kann neue Impulse geben.

Hören Sie bewusster, was andere Sänger machen, und vor allem wie sie es machen ... »Gefällt mir das? Kann ich das auch?«

Fangen Sie nach einigen Wochen wieder von Anfang an.
Sie werden alles mit ganz anderen Ohren hören!